Seelengeflüster

Ria Kazenmaier

Impressum

Bibliografische Information der Deutschen Natio-
nalbibliothek: Die Deutsche Nationalbibliothek
verzeichnet diese Publikation in der Deutschen
Nationalbibliografie; detaillierte bibliografische
Daten sind im Internet über dnb.dnb.de abrufbar.

Herstellung und Verlag:
BoD – Books on Demand, Norderstedt

ISBN 9783752830750

9 783752 830750

Inhaltsverzeichnis

Mein Name ist Ria Kazenmaier geb. Lacher.

Ich wurde am 17.08.1960 in Herxheim bei Landau geboren.

Mit Psychologie und dem Sinn des Lebens setzte ich mich ab dem Alter von 16 Jahren auseinander.
Ich verschlang, an Büchern alles, was mich weiterbrachte.

Angefangen von Dr. Joseph Murphy (Vater des positiven Denkens) über Jane Roberts (Gespräche mit Seth), von Grenzwissenschaften bis hin zu Weisheiten des Dalai Lama und noch vieles andere mehr.

Angefangen mit dem Schreiben habe ich 1995, als ich das erste Mal in meinem Leben, nicht in einer Partnerschaft lebte.
Plötzlich hatte ich ein großes Bedürfnis, ein Gedicht zu schreiben.

Die Worte schossen mir gerade so in den Kopf, dass ich Mühe hatte, das Ganze überhaupt lesbar, so schnell zu Papier zu bringen.

Sie entstanden nach und nach alle meine Gedichte.

7

Der Pulsschlag des Universums

Der Pulsschlag des Lebens fängt bei jedem Einzelnen an und ist gleichbedeutend mit dem Universum dann.

Der Mensch als kleiner Wicht, genauso dem Pulsschlag des Universums entspricht.

Der Pulsschlag wurde ihm von Geburt an mit-gegeben, doch viele Menschen haben vergessen nach diesem Pulsschlag zu leben.

Viele leben eingeengt und sind in ihrer Denkweise starr, doch das ist ihnen nicht mal gewahr.

Den Pulsschlag kann man auf alles projizieren, ob groß oder klein, den Pulsschlag fühlt jeder allein.

Natürlich kannst du dich aus dem Takt begeben, es sind deine vermeintlichen Misserfolge eben.

Aber so negativ ist das nicht, weil sie dich anlei-ten, wieder auf dem Pulsschlag des Universums zu reiten.

Alles hat seinen Sinn — viele versuchen sich dagegen aufzulehnen nur um ihre Individualität zu leben.

Das bräuchten sie nicht, da jedes Individuum einzigartig ist.

Würden sie den Pulsschlag des Lebens verstehen, wäre das Leben einzigartig und schön, hätte Bestand, weil der Pulsschlag des Universums schon alle miteinander verband.

Da jeder einzigartig ist, kann es niemals eine alleinige Wahrheit geben, denn jeder hat seine eigenen Prioritäten im Leben.

Was ist der Pulsschlag des Universums überhaupt — er will dir lediglich sagen, du kannst keine Situation festhalten für den Rest deiner Tage.

Der Pulsschlag hat seinen eigenen Rhythmus, der alles bestimmt und in dessen Zeittakt alles mitschwingt.

Auf den Tag folgt die Nacht, alles hat seinen Sinn, was gut oder schlecht ist für dich, deine Emotionen sprechen für sich.

Alles ist gleichzeitig da, es liegt an dir was nimmst du wahr.

Deine jetzige Ausrichtung bestimmt dein Leben, vermeintliche Probleme wird es für dich immer wieder mal geben.

Darum geht es nicht, wähle die Richtung, die dir entspricht.

Bist du Kontra auf alles eingestellt, erwartet dich das Kontra in deiner persönlichen Welt.

Siehst du die Welt als positiv an, werden positive Erfahrungen zu deinem Erleben dann.

Was ich versuche mitzuteilen, ihr sollt euren Fokus erweitern.

Es ist alles da, du versuchst nur durch deine eigenen Glaubensätze eben, wie du denkst zu leben.

Du kannst dich jeden Tag neu entscheiden und damit deine Welt erweitern.

Da alles vorhanden ist, wird es immer so sein, du bist der Schöpfer deiner eigenen Realität allein.

Die Zeit

Die Zeit wird kommen und stillsehen und doch weitergehen.

Alles passiert gleich und du fragst dich eben, was bedeutet es, in einer Zeit zu leben, ohne das Zeitraster zu erheben.

Sie zieht fort und bleibt da, uns wird dies nicht einmal gewahr.

Sie ist allzeit präsent und immer da, alles passiert gleichzeitig auf ewiglich, doch viele Menschen verstehen dies nicht.

Was will uns unsere Zeitqualität sagen, wir sind im Umbruch in diesen Tagen.

Die Zeit heut ist geprägt von Hast und Eile und doch hat so mancher auch noch Langeweile.

Doch was will uns dies alles sagen – hör gut zu – denn die Zeitqualität bestimmst du.

Viele haben Angst vor Morgen und machen sich zu viele Sorgen, doch das einzige was passieren kann, du kommst einfach im Nirwana an.

Ob Freund oder Feind, der Zeit ist es egal, was du denkst, da sie nicht der Dualität entspricht, kann es keine Bewertung geben, also sag endlich ja zum Leben.

Hier auf Erden will alle Dualität gelebt werden, es wird immer so sein, wenn man willigt in das Spiel des Lebens ein.

Nur die Zeit hat eine andere Dimension, sie kommt aus der Unendlichkeit, sie ist und bleibt die Zeit.

Wir versuchen sie zu verstehen, leider wird die Zeit zu wenig emotional gesehen.

Wir zerpflücken sie in Stunden und Minuten, doch aufhalten können wir sie nicht, da die Zeit jeder persönlichen Wahrnehmung entspricht.

Doch was will uns die Zeit damit sagen, lebt intensiv in allen Tagen.

Der Herzschlag des Lebens

Warum soll alles eine Richtung sein?

Warum sieht der Mensch die Vielfältigkeit nicht ein?

Er will bestimmen was gut und richtig ist, sogar wann der Herzschlag einsetzt oder nicht!

Warum soll nur ein Rhythmus richtig sein, der Herzschlag des Lebens besteht, aus der Vielfältigkeit allein.

Schau dir die Natur an und nimm es wahr, der Herzschlag des Lebens war schon immer da.

Es wäre vermessen zu glauben, nur sie kann sich einen einzigen Standpunkt erlauben.

Alles war in der Realität ist in der Natur, ist entstanden aus der Evolution nur.

Aus Schwarz wird langsam Weiß und damit schließt sich der Kreis.

Menschen die nur Schwarz oder Weiß sehen, können die Farbnuancen noch nicht verstehen.

Alles was ist, was jemals war, entwickelt sich weiter, nichts bleibt stehen, du kannst es am Herzschlag des Lebens sehen.

Er hat seinen eigenen Rhythmus, dehnt sich aus – zieht sich zurück, um in der Mitte die Gegensätze zu vereinen, so wird weiter bei Nacht der Mond und bei Tag die Sonne scheinen.

Warum wollen Menschen Gesetze und Normen? Um aus der Verantwortung zu gehen, weil sie den Herzschlag des Lebens nicht sehen.

Alles ist gleichwertig und überall, es ist dein eigener Blickpunkt was du erschaffen willst, und durch deine Gedanken eben, fokussierst und gestaltest du dein Leben.

Es wird für dich immer Gegner geben im Leben, sie haben einfach einen anderen Blickpunkt eben.

Ein richtig oder falsch gibt es nicht, schau einfach der Evolution ins Gesicht.

Alles ist Ausdruck, bestimmt auf wunderbare Weise und doch schließen sich im Gegenpol die Kreise.

Nun ist alles gleich, das ist das Ausruhen im göttlichen Bereich.

Nun steht alles auf Null, aber in nicht langer Zeit ist die Schwingung bereit.

Sie schwingt im Rhythmus des Herzschlag erneut wieder an und tastest sich langsam an ihre Grenzen heran.

Glück, was ist das – ich kann es dir sagen, wenn du nach dem Rhythmus im Herzschlag des Lebens lebst, in allen Tagen.

Realitätsgestaltung

Hier in dieser dualen Welt, ist manches was euch nicht gefällt.

Wie könnt ihr es verstehen, versucht es mit den Augen der Liebe zu sehen.

Wenn ihr direkt vor einem Bild steht, ihr die Schönheit des Ganzen dann nicht seht, tretet einen Schritt zurück, dann könnt ihr das Ganze erfassen und euch nicht durch einen kleinen Blickwinkel irritieren lassen.

So müsst ihr euer Leben sehen, wenn ihr in eine Situation kommt, die ist für euch nicht schön.

Ihr fragt mich sicherlich, was ist mit dem Hass, der gerichtet ist gegen mich?

Hass ist eine Reaktion auf eine ungelöste Situation.

Schaut euch die Situation an und erkennt dann, dass Liebe alles verändern kann.

Hass nur eine Form von Angst vor Liebe ist, so mancher von euch das vergisst.

Die Angst soll euch warnen bei akuten Gefahren, aber nicht euer ganzes Immunsystem erlahmen.

Die Angst ist ein schlechter Wegbereiter eben, sie ist verantwortlich für die Stolpersteine im Leben.

Geht ins Vertrauen, dann könnt ihr eure Angst abbauen.

Denn immer was du aussendest kommt zu dir zurück, und Hass ist wahrlich kein Lebensglück.

Ihr tut euch dabei oft selber hassen und damit eine unschöne Realität entstehen lassen.

Ihr sollt schon eure eigene Meinung haben, aber lasst die anderen leben, wie sie wollen, in allen Tagen.

Sagt ja zur Liebe eben, dann lebt ihr ein glücklicheres Leben.

Was wollen wir euch damit sagen, ihr erschafft mit Liebe all eure schönen Tage.

Sagt eure Meinung klar und deutlich, wenn ihr dabei die richtigen Worte wählt, der Hass des anderen euch dann nicht quält.

Es gilt nur ja zur Liebe zu sagen und mit dem nötigen Weitblick könnt ihr es erfahren.

Ihr werdet sehen, durch die Augen der Liebe, wird euer Leben schön.

Geduld

Geduld zu leben gar nicht einfach ist, weil sie nicht meinem Naturell entspricht.

Neugierig auf alles und jeden, einfach neugierig auf das Leben.

Warum soll man Geduld üben, wenn man wird, innerlich doch angetrieben?

Als Kind schon mit 100 Sachen durch die Welt gerast, Wissen aufgesogen und dann oftmals falsch abgebogen.

Immer meiner Zeit voraus, das war für meine Eltern bestimmt oftmals ein Graus.

Als Kind sich mit Themen auseinandergesetzt, oftmals nicht kindgerecht eben, aber das brauchte ich zum Leben.

Kritisch den Mainstream analysiert, da waren Diskussionen immer vorprogrammiert.

Oftmals gegen den Strom geschwommen, um zu erkennen dann, dass dies auch müde machen kann.

Zurückgezogen von der Außenwelt, mit mir allein, brauchte ich, um wieder geerdet zu sein.

Dann mit Vollgas in das Wunder Leben, als hätte es nie einen Rückschlag gegeben.

Nun steht Geduld auf meinen Plan, ein Wort mit dem ich recht wenig anfangen kann.

Warum hält das Leben nicht jederzeit, für uns alle Antworten sofort bereit?

Ich höre leise eine Stimme in mir sagen, weil du noch nicht reif bist für alle Fragen.

Was aber wenn es mich doch interessiert, warum werden solche Fragen dann negiert?

Veränderung

In dieser Zeit verändert sich jeder Mensch, wie du und ich.

Nur die Hartgesottenen allein, wollen nicht flexibel sein.

Sie wollen diese Welt erhalten und weiterhin alles in Gut und Böse spalten.

Hört endlich auf euch zu verbiegen, ihr könnt die Liebe nicht besiegen.

Sie ist alles was ist, alles was sie schon immer war, macht euch das endlich mal klar.

Liebe ist die Triebkraft jeglichen Lebens, ohne sie gäbe es euch nicht, es wird Zeit, dass man dieses sagt, euch ins Gesicht.

Liebe ist bedingungsloses Sein, wann sieht ihr es endlich einmal ein?

Die Selbstliebe ist der Schlüssel dazu, die anderen Facetten der Liebe verstehst du dann geschwind, höre auf deine innere Stimme mein Kind.

Dem göttlichen Funken sind wir alle entsprungen, den freien Willen gab man uns dazu, es ist unsere Entscheidung dann, wie jeder sei Leben leben kann, auch du.

In dieser turbulenten Zeit, Mensch sei doch endlich bereit, nach Innen zu gehen und deine inneren Werte zu verstehen.

Dann erkennst du ganz klar, Liebe ist, was sie schon immer war, bedingungsloses Sein, Mensch wann siehst du es endlich mal ein?

Emotionen

Ich sitze hier und träum von dir, leider bist du nicht hier.

Wie viele einsame Stunden haben uns schon verbunden?

Was die Sprache nicht kann, da fängt die Musik an.

Musik drückt Emotionen aus, wenn die Worte fehlen, aber will man immer hören, was die Seele spricht, oft wird die Antwort im Alltag einfach weggewischt.

Dabei es ganz wichtig ist, zu hören was deine Seele zu dir spricht.

So geht jeder seinen Weg allein, oft unverstanden von der Welt, was ist wichtig, was zählt?

Die Menschen rennen oftmals dem Mainstream hinterher und bemerken es oft selbst nicht mehr.

In stillen Stunden klopft sie an, die innere Stimme, die alles kann.

Sie kennt dich wie niemand auf der Welt, warum man wohl nicht ihr die Aufmerksamkeit schenkt?

Angst die Komfortzone zu verlassen, dabei ist es besser, als sich für die Träume zu hassen.

Für Gefühle gibt es kein Vergleich, da spielt jeder in seinem eigenen Reich.

Triffst du einen Mensch dann, der das kann, klopft die Angst wieder an deine Tür und du fragst dich, was willst du schon wieder hier?

Dein Ratio bestimmt dein Denken, doch deine Seele wird immer deine Gefühle lenken.

Also läufst du in Siebenmeilen Stiefeln vor dir weg, nur zu welchem Zweck?

Um dann am Tag deines Todes zu erkennen, man kann vor sich selbst nicht wegrennen.

Träume

Träume sind wie Schäume, doch nicht für mich,
sie spiegeln deine Seele und dein innerstes Ich.

Wo fängt eigentlich ein Traum an, meistens mit
dem, was man nicht glauben kann.

Und doch träumt man sich in die Situation hinein
und stellt fest, so schlecht kann dieser Traum
nicht sein.

Ein Alltagsgeräusch holt uns in die Realität
zurück und doch erlebten wir im Traum ein Stück
Lebensglück.

Alle Realität im Geiste beginnt, warum sagen
dann die Menschen immer, dass Träume Schäume
sind?

Alles, was jemals entdeckt wurde in der Welt,
haben sich die Erfinder bereits im Geiste vorge-
stellt.

Ohne Vorstellungskraft, wird niemals etwas
Neues erschafft.

Warum wird man belächelt dann, wenn man
fängt zu träumen an?

Warum gestattet man es nur dem Kind, wo doch Träume für alle Menschen sind?

Warum soll man „vernünftig" sein, wo doch das Träumen fördert die Kreativität ungemein?

Warum viele Menschen gegen Träume sind, vielleicht weil dann ihre Unzufriedenheit beginnt? Unzufriedenheit beginnt dann, wenn ich mich nicht zu meinen Träumen bekennen kann.

Ich höre sie schon sagen, die Realität holt mich ein, in allen Tagen.

Ihre Freizeit eben, wird bestimmt von Massenmedien.
Eigenes Denken kann man getrost lassen, das macht der mainstream schon für die Massen.

Und doch gibt es Menschen wie du und ich, die ihre Kreativität leben, und sich nicht über andere erheben.

Die träumen einen großen Traum, von Freiheit, Liebe und Frieden auf der Welt, sind es nicht solche Werte auf die man zählt?

Wach auf geliebtes Menschenkind, Träume, noch lange keine Schäume sind!

Die Liebe

Ich will es euch sagen, ihr seid Lebewesen in
allen Tagen.

Seid nicht so stur und integriert auch die Natur.

Sie gibt euch Kraft, Kraft zum Leben und ihr tut
sie nur ausbeuten eben.

Wie kann ein Gleichgewicht auch sein, wenn ihr
lebt vom Nehmen allein.

Auch werden die Tiere hier auf Erden, wohl nur
als Sache angesehen werden.

Das kann nicht sein, seht das endlich einmal ein.

Jedes Lebewesen auf dieser Welt, hat eine Seele
die zählt, die genauso wie ihr, hier ihre Erfah-
rungen will machen, respektiert das bitte bei all
euren Sachen.

In jedem Tier, Baum oder Stein ist der göttliche
Funke daheim.

Ihr akzeptiert das oft nicht und so viel Leiden
über euch einbricht.

Was du nicht willst, was man dir tut, das füge auch keinem Anderen zu.

Dieser Satz hat schon immer Gültigkeit, wann seid ihr bereit es zu erkennen und tut euch endlich von eurem Egoismus trennen.

Habt Verständnis für andere Sachen, dann kann die Liebe Einzug in eure Herzen machen.

Die Liebe ist die stärkste Kraft, die hier auf Erden alles Leben erschafft.

Fühlt euch mit allem verbunden, dann habt ihr euren Egoismus überwunden.

Ihr seht dann, dass alles gut ist, wie es ist und damit der göttlichen Ordnung entspricht.

Durch die Kraft der Liebe dann, geht es in eurem Leben voran.

Liebe heißt auch Vertrauen und nicht immer rückwärts schauen.

Was war ist vorbei, was kommt, könnt ihr noch nicht sehen, lebt im Augenblick dann ist euer Leben schön.

Wenn eine Herausforderung kommt dann, sieht
es als Lernprozess an.

Man kann jeder Situation was Gutes abgewin-
nen, wenn ihr erkennt und euch nicht in der
Hilflosigkeit verrennt.

Seid geduldig mit euch, und Schritt für Schritt,
kommt ihr dann zur Liebe zurück.

Mit dem Gefühl auf dem richtigen Weg zu sein,
kommt dann die Verbundenheit allein.

Verbunden mit allem was ist, dies doch der Liebe
entspricht.

Nehmt es an, die Liebe dann Einzug nehmen
kann.

Ihr dürft nicht vergessen, ihr habt die universelle
Liebe schon immer besessen.

Nehmt dieses Geschenk an, dann das Leben so
viel leichter sein kann.

Bessere Welt

Gedanken kommen und gehen, sie sind ein Teil
von dir und werden vergehen. Und doch sind sie
für die Welt, die Intension ist das was zählt.

Du wolltest eine bessere Welt erschaffen und
hast viele daran teilhaben lassen.

Sie haben nur genickt oder mit dem Kopfe geschüt-
telt, aber verstanden haben sie dich nicht, wie denn
auch – jeder ist beschäftigt mit nutzlosen Dingen,
die niemals einen Seelenfrieden bringen.

Einige wenige haben ein Gehör für dich, aber wer
versteht denn wirklich dich?
Es gilt immer noch eine Welt zu sehen, die kun-
terbunt ist und auch schön.

Wo Kriege zur Steinzeit gehören und Menschen
sich zu Brüdern verbinden werden.
Wo jeder ist für den anderen da und der Egois-
mus, ein Wort von gestern ist.

Für diesen Traum lebe ich, auch viele andere,
denken so wie ich.

Wenn jeder in sich blickt, träumt er den gleichen
Traum, doch vor sich zugeben kann er es kaum.

Die Andersartigkeit zu akzeptieren und nicht gleich in Normen zu sortieren.

Achtung vor der Natur und Mutter Erde, denn wenn sie sich wehrt, was sind wir dann noch wert?

Frieden unter den Menschen auf dieser Welt, ist es nicht auch ein Gedanke der dir gefällt?

Kinder die miteinander spielen und sich nicht wegen ihrer Vorurteile der Eltern bekriegen.

Hilfe geben, wenn jemand Hilfe verlangt, ohne danach zu fragen, wie ist er in diese Schieflage geraten.

Die Alten ehren und respektieren, denn auch die Jugend wird ihre vermeintliche Schönheit im Alter verlieren.

Was jemand besitzt oder nicht, ist nicht wichtig, sondern nur wie man über ihn spricht.

Mitgefühl immer für alle Lebewesen haben und nicht nur an manchen Tagen.

Ist es ein Traum der dir gefällt, dann ändere dein Denken für eine bessere Welt.

Im Augenblick zu sein

In diese Welt hineingeboren, fühlen wir uns
oftmals total verloren.

Wo wollen wir hin, was ist des Lebens Sinn?

Fragen über Fragen quälen uns an manchen
Tagen.

Tage an denen die Sonne nicht scheint, Tage an
denen man weint.

Du wolltest doch geboren werden auf Erden, um
glücklich zu werden.

Oft liegt es daran, dass man Glück nicht definie-
ren kann.

Ist es der Zauber einer lauen Sommernacht, oder
ist es das Angesicht eines Kindes, das dir das
Herz entfacht...

Man ist oft im Alltag eingebunden und vergisst
dabei die wertvollsten Sekunden.

Man denkt heute schon an Morgen und malträ-
tiert sich den Kopf mit unnötigen Sorgen.

Es ist unser Denken, das uns beherrscht dann,
der Augenblick wird vergessen und der Zukunft
die Priorität beigemessen.

Die Zukunft, heißt nicht im Augenblick zu sein,
Zukunft schränkt unser Denken ein.

Es wird geplant und ganz vergessen, wir haben
nie die Zeit für uns besessen, die Uhr tickt unauf-
hörlich ab ... bis ins Grab.

Mensch bedenke nun, es gibt wahrlich besseres
zu tun, als zu planen und sich erfreuen über die
Dinge, die sind noch nicht mal da, nehm den
Augenblick als dein persönliches Geschenk wahr.

Verantwortung

Was ich euch sagen will, ihr steht in eurer Entwicklung nicht mehr still.

Viele sind in die Veränderung gekommen und haben dabei körperliche Reaktionen wahrgenommen.

Freude, Nervosität, Ungeduld, alles ist vertreten und doch werden wir euch in die neue Schwingungsebene erheben.

Viele Menschen seht ihr jetzt gehen und ihr könnt auch Katastrophen sehen.

Ob ihr es glaubt oder nicht, es ist wahr, jedem seine eigene Entscheidung es war.

Euch ist ein freier Wille gegeben, damit könnt ihr ja oder nein sagen zum Leben.

Ist euch auch manche Entscheidung nicht bewusst, ihr habt sie euch immer selber ausgesucht.

Ihr wolltet auf Erden hier etwas lernen, warum greift ihr nicht zu den Sternen?

Ihr beschränkt euch lediglich, durch die Denkweise über euer eigenes Ich.

Macht euch weit und breit und seht dann die Möglichkeit, alles kann sein, wenn der Mensch, lässt seine Begrenzungen daheim.

Viele Entscheidungen sind von Angst getragen, Angst ist der schlechteste Ratgeber in allen Tagen.

Mit der Angst im Genick verliert man den Zugang zum eigenen inneren Glück.

Geht endlich ins Vertrauen, dann könnt ihr eure Angst abbauen.

Angst entspringt lediglich dem Verstand, er kann es nicht erfassen, welche Möglichkeiten, das Vertrauen kann zulassen.

Wenn ihr begreift, ihr seid Schöpfer eures Lebens, dann ist kein Leben vergebens.

Fangt endlich an, Vertrauen, in euer Leben einzubauen.

Schreitet in Klarheit und Wahrheit euren Weg voran und sagt dann, ich kann.

Wenn ihr einen Wunsch kreiert und ihr nicht ins Vertrauen geht, sondern nur Zweifel sät.

Ihr glaubt dann, euch will nichts gelingen und geht dabei aus der Verantwortung in allen Dingen.

Die Schuld wird jedem zugeschoben und sich selbst der Verantwortung enthoben.

Diese Denkweise dann, nur in eine Sackgasse führen kann.

Glaubt endlich daran, dass jeder Wunsch von euch, sich auch verwirklichen kann.

Ihr bekommt Zeichen, die euren Weg aufzeigen. Ihr müsst lediglich glauben und vertrauen und nach den Zeichen schauen.

Setzt euch in Bewegung und geht dann, manch-mal auch im unbekannten Land voran.

Ihr müsst es schon selbst tun und hört auf, euch lediglich auszuruhen

Nehmt endlich, die Verantwortung für euer Leben an, das Wort das euch dabei hilft, ist das Wort ich KANN.

Individualität

Als Kind in diese Welt hineingeboren, ist deine Seele dazu erkoren, deine Begabungen in diese Welt zu bringen, dass alle Menschen partizipieren von allen Dingen.

Aber was passiert, wenn man als Kind in diese Gesellschaft wird integriert?

Jeder will das Beste für dich und vergisst dabei dein individuelles Ich.

Was richtig und was falsch, was sich gehört oder nicht, sagen dir deine Eltern und Erzieher ins Gesicht.

Jede Kreativität wird sabotiert, weil man dann ganz schnell ein Außenseiter werden kann.

Die Medien, sei es Zeitung oder TV, machen den lieben Mitbürger erst schlau.

Was die Masse denkt, damit die Eltern ihre Kinder lenkt.

Individualität ist als Krankheit verschrien, als Kind bekommst du heute dafür Ritalin.

Welche Traumatas sie damit produzieren, werden sie erst nach Jahren kapieren.

Aber einige haben endlich angefangen dies zu hinterfragen, haben aber noch lange nicht den Mut dies zu sagen.

Doch immer mehr werden wach und verbinden sich und hören dabei auf ihr innerstes Ich.

Die Seele weiß nur zu gut, welchen Weg sollst du beschreiten, also lass dich nicht von den Äußerlichkeiten und den Medien leiten.

Höre auf dein Herz, es war schon immer da, dein Gehirn wurde manipuliert und dein Blick auf deine Realität korrigiert.

Haltet Innenschau und vergesst keinen Augenblick, sondern geht euren Weg, Stück für Stück.

Dein Weg muss nicht der deines Nachbarn sein, sieht es endlich einmal ein.

Einen Rat kann ich euch geben, fangt endlich an, EUER Leben zu leben.

Die Zeit als Partner

Die Zeit vergeht wie im Fluge, Mensch sei dir bewusst, was du jeden Tag tust.

Deine Zeitqualität wird eine andere sein, wenn du stellst dich mental drauf ein.

Doch oftmals erscheint es dir, als liefe sie weg vor dir.

Kaum hat eine Woche begonnen, ist das Wochenende schon gekommen.

Jetzt ist es dein Ziel, lebe Zeit mit viel Bewusstheit und Gefühl.

Lass keine Tage verstreichen, die sich als unnütz erweisen.

Ob du träumst, meditierst, arbeitest oder Spaß hast bleibt dir überlassen, versuche all diese Dinge bewusst und mit Liebe zu machen.

Oft fühlt man sich innerlich leer, dies zu ändern ist gar nicht so schwer.

Mach dir in diesem Momenten bewusst, es ist völlig ok, was du tust.

Bewerte oder beurteile dich nicht, für die Zeit, die für andere vermeintlich vergeudet erscheint.

Jeder setzt andere Prioritäten im Leben und lebt ein anderes Zeitfenster eben.

Da nichts besser oder schlechter ist, soll jeder so leben, wie es ihm entspricht.

Bleibe bei dir, deinem Plan, indem sich die göttliche Essenz ausdrücken kann.

Was andere denken interessiert nicht, denn jeder hat seinen persönlichen Plan, der ihm entspricht.

Mein liebes Kind mache dir klar, dass die Zeit schon immer dein Freund und niemals dein Feind war.

Verbinde dich mit ihr, dann lebst du bewusster im Hier.

Ausgrenzung

Die Welt steht Kopf, was ist geschehen, jeder kann die Veränderung sehen.

Sie ist da, ja das ist wahr, allerdings sieht jedermann, was aus seinen Gedanken heraus passieren kann.

Veränderung bringt oft Angst mit sich – was sich im Außen verändert, verändert auch dich.

Leider macht sich zu dieser Zeit, Fremdenhass breit.

Für viele ist wohl jeder Islamist, schon ein Terrorist.

Gute und Schlechte gibt es genug hier auf Erden, sie sollen nicht nach Nationalitäten beurteilt werden.

Wer denkt schon daran, dass die Hetze morgen gegen dich selbst gerichtet sein kann.

Die Veränderung wird weitergehen, es ist nur dein eigener Blickpunkt, was willst du dabei sehen

.

Veränderung auch Chancen sind – sie zeigen
eine neue Denkweise an, seht sie euch bitte
einmal an.

Seht ihr euch weiter als getrennt an, wird euch
die Veränderung weiter stressen dann.

Nehmt euch endlich als Ganzes wahr, das ist der
Sinn der Veränderung, ganz klar.

Die Liebe ist die Antriebskraft in unserer Welt,
auch wenn es manchen von euch nicht gefällt.

Liebe ist bedingungsloses Sein und schließt alles
in der Welt mit ein.

Die neue Zeit

Nun ist es soweit, der Eintritt in eine neue Zeit.

Viele werden Beschwerden haben, in diesen Tagen.

Die Symptome werden nur vorübergehend sein, bis ihr euch pendelt auf der neuen Schwingungsebene, wieder ein.

Vieles wird sich ändern und es kommt darauf an, was jeder Einzelne von euch vertragen kann.

Die Menschen werden die Gesamtheit erfassen und den Egotrip des einzelnen hinter sich lassen.

Sie werden sich besinnen nach innen, in vielen Dingen wird ihnen klar, die Realität von jedem selbst erschaffen war.

Sie werden in die Verantwortung gehen und das Miteinander wird wieder schön.

Durch positive Gedanken fallen dann ihre Schranken.

Ein Nein, ich kann es nicht, gibt es dann nicht, ein jeder seiner Schöpfung entspricht.

Du wirst mich fragen, was ist mit den denen, die heute noch klagen?

Die Norm wird sich verschieben und sie werden einen anderen Blickpunkt kriegen.

Nun freut euch und seid bereit, für diesen Eintritt in eine neue Zeit.

Wir alle lieben euch sehr, wenn auch manchen, fehlt das Gespür.

Alle Entscheidungen sind von Liebe getragen, ihr werdet es erkennen, in diesen Tagen.

Habt Geduld mit euch, verurteilt euch nicht, alles doch der Liebe entspricht.

Hilfe

Ich kann euch sagen, es wird sich viel ändern in diesen Tagen.

So wie der Frühling langsam kommt, tritt eine Veränderung bei euch Menschen ein, auch wenn ihr es könnt noch nicht sehen, es wird schön.

Viele sind inzwischen erwacht und haben den ersten Schritt zur Liebe gemacht.

Da viele Klarheit und Wahrheit leben, kommt im Moment vieles Unpassende ans Licht eben.

Lasst euch nicht irritieren und beirren, bleibt weiter eurem Weg treu und euer Leben gestaltet sich neu.

Da Außen nur wie Innen sein kann, seht euch jetzt euren alten Denkmuster an.
Das Ergebnis, wie ihr früher gedacht, könnt ihr jetzt sehen und das ist wahrlich nicht schön.

Alles scheint sich im Umbuch zu befinden, lasst euch bitte nicht in die Massenangst einbinden.

Bleibt im Vertrauen, dann könnt ihr euer Leben weiter aufbauen.

Tritt eine Situation an dich heran, bei der du nicht sagen kannst, ich kann, verzweifele nicht, und sprich, alles regelt sich zum Besten für mich.

Dies euch dann Sicherheit gibt und ihr wisst, dass Gott alle seine Kinder liebt. Er wird euch nie verlassen, ihr könnt euch beruhigt darauf einlassen.

Alles regelt sich zum Besten für mich, dieser Satz eine positive Schwingung hat und das nötige Vertrauen findet sofort statt.

Wenn du dich begibst in Gottes Hände, Gott kennt keinen Anfang und kein Ende.

Es wäre doch gelacht, wenn du mit dem diesem Satz, die letzten Hürden nicht schaffst.

Immer wenn du nicht mehr weiterweißt, Gott nach deiner Hand greift.

Alles regelt sich zum Besten für mich, dieser Satz dir wahre Wunder verspricht.

Mit diesem kleinen Satz eben, tut ihr euch über die Zweifel erheben.

Integration

Was könnt ihr tun, wenn ihr erkennt, ich habe mich wieder in alte Denkmuster verrennt?

Überprüft, welcher Teil will integriert sein und akzeptiert dabei, dass die Situation nicht böse ist, sondern auch der „unangenehme" Teil euch entspricht.

Nehmt ihn an, als ein Teil von euch und integriert ihn gleich.

Durch das Erkennen und Akzeptieren macht ihr einen großen Schritt voran, hin zur Souveränität dann.

Wenn du erkennst, dass jeder göttlich ist, dann musst du dich nicht mehr mit anderen messen, denn jeder hat schon immer seine Göttlichkeit besessen.

Es gibt kein besser oder schlechter, kein langsam oder schnell, ein jeder, wenn er bleibt bei sich, erkennt dann, jeder Lebensweg mit Gott begann.

Geht ins Vertrauen, dann könnt ihr eure Ängste abbauen.

Angst vor der Zukunft, kann nicht zur Qual
werden, wenn ihr vertraut und versteht, wie eure
Realität entsteht.

Ihr habt immer einen freien Willen besessen,
alles andere ist vermessen.

Ihr entscheidet euch, was ihr denkt und somit
auch die Umstände lenkt.

Geht in die Verantwortung für eure Gedanken,
dann könnt ihr errichten oder fallenlassen eure
Schranken.

Egal ob positiv oder nicht, am Ergebnis könnt ihr
sehen, was ihr erschaffen habt – oft könnt ihr es
nicht verstehen.

Durch Schuldzuweisungen wird die Verantwor-
tung schnell aus der Hand gegeben, nur eure
Gedanken, kreieren eure Welt, das ist das, was
immer zählt.

Mit positiven Gedanken und Vertrauen, könnt ihr
euch eine schöne Welt aufbauen.

Wenn ihr bleibt dabei, fixiert auf euer Ziel,
Schwierigkeiten wiegen nicht viel.

Nehmt sie einfach an und sagt dann: Ich kann.

Durch den Blick nach innen gerichtet, ihr die Gesamtheit sichtet, und erkennt dann, dass wir immer bei euch sind, glaub es bitte liebes Kind.

Wir lieben und vertrauen euch, bittet um Hilfe und wir gewähren sie euch.

Urvertrauen

Dein Weg muss nicht steinig sein, das liegt bei dir allein.

Wohin es dich treibt, das weiß ich nicht, es ist allein die Sehnsucht, die aus deinem Herzen spricht.

Lerne auf sie zu hören und weigere dich dieses Gefühl zu verwehren.

In dir klingt immer schon ein Ton, er will dir sagen, wir sind bei dir in allen Tagen.

Lerne zu vertrauen, dann kannst du mit anderen Augen in diese Welt schauen.

Vertraue zuerst dir, wenn dir auch manchmal fehlt das Gespür. Stück für Stück kehrt dann dein Vertrauen zurück.

Mit dem Vertrauen dann, schaffst du dir eine andere Basis heran.

Die Basis ist wichtig hier auf Erden, denn hier gilt es der Dualität gerecht zu werden. Gut und Böse gibt es in Wirklichkeit nicht, es ist lediglich das was hier der Dualität entspricht.

Ohne einen Vergleich wärst du schon oben im himmlischen Reich.

Du wolltest all dieses erleben, darum entschiedest du dich für das Leben.

Du wolltest die Sonne, den Regen genießen, sehen wie die Blumen anfangen zu sprießen.

Und doch hast du dich oft verstrickt, die Realität macht dich oft gar verrückt.

Es läuft nicht alles so nach deinem Plan, ein Plan, der lange vorher schon begann.

Aber bedenke stets, du bist hier auf Erden, um deiner selbst bewusst zu werden.